追寻拿破仑的足迹

〔法〕米歇尔·费尔冈　著

〔法〕詹姆斯·普吕尼　绘

黄采　译

人民文学出版社

PEOPLE'S LITERATURE PUBLISHING HOUSE

著作权合同登记：图字 01-2021-5061 号

Sur les traces de Napoléon,
© Éditions Gallimard-Jeunesse - Musée du Louvre, 2010
text by Jean-Michel Dequeker-Fergon
illustration by Jame's Prunier

图书在版编目（CIP）数据

追寻拿破仑的足迹 / (法) 米歇尔·费尔冈著；(法) 詹姆斯·普吕尼绘；黄采译. —北京：人民文学出版社，2017（2025.7 重印）
（历史的足迹）
ISBN 978-7-02-012623-1

Ⅰ . ①追⋯ Ⅱ . ①米⋯ ②詹⋯ ③黄⋯ Ⅲ . ①拿破仑（Napoleon, Bonaparte 1769–1821）－传记－儿童读物 Ⅳ . ① K835.655.2-49

中国版本图书馆 CIP 数据核字（2017）第 071327 号

责任编辑　卜艳冰　杨　芹
封面设计　高静芳
内文版式　李　佳

出版发行　人民文学出版社
社　　址　北京市朝内大街 166 号
邮政编码　100705

印　　制　上海盛通时代印刷有限公司
经　　销　全国新华书店等

字　　数　61 千字
开　　本　889 毫米 ×1194 毫米　1/32
印　　张　3.75
版　　次　2018 年 1 月北京第 1 版
印　　次　2025 年 7 月第 6 次印刷

书　　号　978-7-02-012623-1
定　　价　49.00 元

如有印装质量问题，请与本社图书销售中心调换。电话：010-65233595

追寻拿破仑的足迹

目　录

1811 年法兰西大帝国

1810 年—1812 年期间，法兰西大帝国在欧洲的影响达到顶点。

丹麦

北海

英国

伦敦 ●

巴黎 ●

法兰西帝国

意大

大西洋

葡萄牙

● 马德里

西班牙

撒丁

罗

地中海

直布罗陀

瑞典

波罗的海

普鲁士

华沙

俄国

维也纳

奥地利

黑海

奥斯曼

那不勒斯

里

法兰西盟国
法兰西帝国
法兰西附属国
英国及其盟国

雄鹰之死

拿破仑**死了**。没想到这个消息还会令我心潮起伏。我曾以为历史已经永远地翻过去了，传奇早已终结，所有的创伤都逐渐愈合了。**六年**，他渐渐淡出了人们的视线，而我自己也上了年纪，那曾经令人热血沸腾、最终又憎恶无比的战争已慢慢远去。

大海中央，寥寥礁石，拿破仑在这里为自己的传奇人生缓缓地画上了句号。如今二十岁的年轻人不再有梦想，人生前途灰暗无望。参加一支上不了战场的军队？还是去机关做个办事员？或者在某个昏昏欲睡的小城做小公务员？多么无聊的人生！这些年轻人对传奇念念不忘，可他们见过恶战之后的惨状吗？是否像我一样，眼睁睁看着青春焕发的兄长倒在了枪口下？他们可想象得到士兵掠夺杀戮的暴行？每年，这位伟大的人物都要招募新兵；每年，无数年轻人都要穿越欧洲奔赴战场。我自己熬成了老兵，却眼睁睁看着一批又一批毛头小伙儿沦为了炮灰，就为了打败大将军心中永远的敌人——那帮背信弃义的英国佬。

然而，皇帝死了，仅仅这几个字就让我悲痛不已。我从未想象过他咽下最后一口气的光景。拿破仑死在遥远的大西洋中的一座**孤岛**上，和普通的士兵倒在祖国的怀抱里没什么不同。我们一同衰老，逐个逝去，可我一直相信，只要拿破仑的心脏还在跳动，伟大的史诗就没有终结。哪怕远在圣赫勒拿岛，他的生命依然是那一段历史的见证。他死了，一切则成了虚幻缥缈的梦，我的生命仿佛也随着他的离去而终结。

那一天，得知拿破仑去世之后，我像一位旁观者，不，应该说幽灵，在巴黎夏日炎热的街道上游荡。

好些人聚在露天的咖啡馆里议论报上的消息，旁边一些人则沉默不语，仿佛酝酿着反抗的呼声，还有几个人来到曾经竖立着拿破仑一世塑像的万多姆圆柱前，献上花环。**杜伊勒利宫**里，贵族先生、太太们跟往常一样耀武扬威地走来走去，说实话，正是法国战败了，他们才能结束流亡，返回祖国。可这些人却老是用他们那异国腔调来取笑拿破仑的姓，叫他"布鲁拿巴先生"，

孤岛：拿破仑死在南大西洋的圣赫勒拿岛上。

杜伊勒利宫：巴黎塞纳河右岸的一座宫殿，为拿破仑当时居住的皇宫。

着实可笑！难道不明白，在过去的十五年里，正是这个"布鲁拿巴"代表了法兰西吗？

过去的一幕幕又浮现在我眼前：意大利战场上，他是那位意气风发的年轻将军；在**奥斯特利茨**战役中，他是彻夜不眠的小个子指挥官；从俄国撤退时，他已成为大腹便便、脾气暴躁的君主。这几个历史画面概括了拿破仑非凡的人生传奇。

我想不起是什么时候第一次听人提到"波拿巴"这个名字了，没错，这位年轻人在**土伦战役**时已崭露头角。他在战场上镇定自若，连经验丰富的高级军官也甘愿听从他的指挥。波拿巴一上战场就摸清了形势，指出只有把埃吉利耶特海角抢过来，才能把英国人赶出去。那场战斗打得十分激烈，他带领战士们浴血奋战，十分英勇，还负了伤。

可是巴黎的人们却认为这次胜利属于**迪戈米埃将军**。这是不了解情况，还是故意漠视将军手下这位年轻的军人？可不是吗，打起仗来，赫赫战功都写在了统帅的荣誉册上，谁还能想起那些士兵呢。以此推论，人们能相信后来的历史书所鼓吹的，全部功劳都属于波拿巴一个人吗？军事行动错综复杂，

奥斯特利茨：捷克斯拉夫科夫的旧称。

土伦战役：指 1793 年发生在法国土伦港的一场战役。

迪戈米埃将军：生于 1738 年，法国大革命时期重要的军事将领。

人们在回顾历史时经常夸大某个人或某个因素的作用，使其成为胜利或失败的决定性原因。可我太了解战争了，完全清楚英雄光是会打仗远远不够，还必须会宣传造势。人们谈论激烈的战斗和生动的作战细节时，故事的主人公在口耳相传中才能成为英雄。拿破仑·波拿巴登上荣耀顶峰之后，他生平的点点滴滴都传为美谈，甚至成了神话。

听说过拿破仑出生的故事吗？1769 年 8 月 15 日那天，恰逢圣母升天节，即将分娩的莱蒂齐娅突然感到阵痛，来不及返回卧室，小波拿巴就出生在客厅中央的一张地毯上。那张地毯上画着古代英雄人物，正好预示着波拿

巴从小就是个勇敢、好斗和专横的孩子。

　　人们都知道波拿巴在**布里埃纳军校**的故事。这个科西嘉男孩被父亲送到这个寄宿学校学习。有一年冬天大雪如棉，波拿巴先带着小伙伴们用积雪修了座城堡，玩攻城游戏。不用说，未来的统帅轻松地取得了胜利。毋庸追究这些故事的真假，哪个淘气的男孩不曾打过雪仗呢。这个故事不过想说明，拿破仑之所以成为拿破仑，就和希腊神话中的女神雅典娜手持宝剑而生一样。在**亚历山大和凯**

布里埃纳军校： 位于巴黎以东的香槟地区，1779 年至 1784 年，拿破仑在此学习。

亚历山大（前 356 年—前 323 年）：马其顿国王，世界古代史上著名的军事家和政治家。

撒大帝的传记中也有很多令人惊叹的传奇故事。波拿巴自小熟读**普卢塔克**的著作，深晓谱写传奇的重要意义。

当然，无可否认波拿巴确实很年轻便崭露头角，二十四岁就当上了将军！大革命时期，王公贵族流亡海外，法国军队群龙无首，拥有真才实学的人遇上点儿好运气就能迅速升职。**奥什**当上莫泽尔军区司令时，才刚满二十五岁。不能不说时势造英雄啊。**卡诺**的才华不输波拿巴，可是他生于1753年，在那时的旧制度下，只有贵族才能担任军事将领，他的父亲只是位公证员，所以三十六岁时还只是个上尉。

然而，大革命并不仅仅让人节节高升，还砍了好些人的脑袋。波拿巴也差点儿尝到斩刀的冰凉。1794年，"永不腐败"的**罗伯斯庇尔**被赶下台时，波拿巴因为与他的弟弟关系密切，被纳入嫌疑名单，投进了监狱。他再三为自己辩白，发誓效忠祖国和大革命，好不容易才被放了出来。虽出了监牢，但霉运远未结束，有人让他去**旺代**带兵。我猜波拿巴肯定不愿意参与同胞间的自相残杀，一口回绝了。几个月前还笼罩在他身上的荣誉光环就这样消失了。

凯撒大帝（前102年—前44年）：罗马共和国末期杰出的军事统帅、政治家，罗马帝国的奠基者。

普卢塔克（50年—125年）：希腊哲学家、历史学家。

奥什：法国元帅。

卡诺：法国政治家、军事家和数学家。

罗伯斯庇尔：法国大革命时期的重要领导人。

旺代：1793年至1796年期间，旺代爆发了反对保皇派的战斗。

"如果我是**法国的君主**，我要让巴黎永远是世界上最美的城市，让她过去是，现在是，将来也是。"在奔赴埃及的途中，波拿巴梦想着改造巴黎。后来，当他成为第一执政和皇帝之后，果然在这座城市留下了自己的痕迹。

巴士底广场大象喷泉设计图

星形广场上的凯旋门
奥斯特利茨大捷之后，拿破仑皇帝向士兵宣告："你们将从凯旋门下列队回家。"**尚帕尼**向皇帝建议，把这座凯旋门修建在香榭丽舍大街的尽头，他说："从杜伊勒利皇宫望去，那将是一道绝佳的风景……每一个来到巴黎的旅人都将惊叹不已……"拿破仑和玛丽·路易丝举行**婚礼**时，当时这座凯旋门尚未建成，于是搭建了一座同等大小的凯旋门模型。现在我们看到的凯旋门是**路易·菲利普**时期完工的。

尚帕尼：曾任拿破仑的内政部长。

婚礼：婚礼在 1810 年举行。

路易·菲利普：法国国王，1830 年至 1848 年在位。

《法兰西第一帝国检阅式》

"还有几个人来到万多姆圆柱前，献上花环……"

巴士底广场上的大象

巴士底广场中央曾竖起一座巨大的大象模型。"一个不知名的、丑恶的、凶狠的妖魔正站立在巴士底广场无形的幽灵旁。"（《悲惨世界》雨果）

卡鲁塞尔凯旋门

拿破仑建立的军事体制沿袭了古罗马时期的特点。同古罗马的传统一样，军队获胜后，拿破仑下令修建凯旋门、圆立柱等标志性建筑以资纪念。奥地利战役之后，拿破仑下令依照罗马塞维鲁凯旋门的样式，在杜伊勒利宫正门前修建卡鲁塞尔凯旋门。这座凯旋门顶部的骏马雕塑来自威尼斯圣马可大教堂。原本设想在马车上安放一尊皇帝的塑像，但由于拿破仑本人不同意而作罢。

万多姆圆柱

为纪念奥斯特利茨战役，拿破仑下令仿照罗马的图拉真纪功柱，将战斗中缴获的大炮熔化铸成圆柱，竖立在万多姆广场上。圆柱顶端原来有一尊拿破仑一世的塑像，拿破仑下台后被搬走了。

图拉真纪功柱：位于意大利罗马的图拉真广场，纪念罗马皇帝图拉真征服达西亚而建，于公元113年落成。

葡月将军

当我初次遇见波拿巴的时候，这位未来将主宰法国的人看起来就像某部悲惨小说里的主人公。

那还是 1795 年 5 月，那天我和朋友从军营返回城里休假。午饭后，我们来到王宫花园，在春日暖暖的阳光下惬意地吸着烟斗，随意聊着天。这时，一位年轻人从旁边走过，他面色苍白，长发垂肩，瘦得骇人，礼服外套皱巴巴的，看起来像是闯荡首都的外省人，又像是在拉丁区逼仄小屋里苦苦煎熬的大学生。那段时间巴黎的日子很艰难，生活用品样样紧缺，去朋友家聚会都得自己带上食物和饮料。

当那位年轻人和我们擦肩而过时，我的朋友悄悄说："我见过他，前几天在一个女孩家我正好和他坐在一起。这真是个怪家伙，那天他和他的兄弟路易一起来的，两人胳膊下夹着黑面包，坐下之后一声不吭，目光阴沉，仿佛要把所有人都打量一番才决定开口。直到大家提起土伦之战，他才兴奋起来，说那场战斗中有个年轻军官，平时还算勇敢，没想到第一声炮响就吓得脸色惨白，浑身发抖，炮弹飞过来，那个胆小鬼竟不知躲闪，直接蹲下来，结果被炸得身首异处。"朋友接着说："你相信吗，讲到这里时，这家伙竟然哈哈大笑。要知道他经常去看戏，我也碰到过几回，可从来没见他开口笑过。这真是个怪人。"

"他叫什么？"

"好像叫什么拿布伦，还是拿破仑？听说全亏了他，法军才把土伦从英国人手中夺了过来。那天他还给我们谈起了进攻意大利的计划。换作别人，肯定会招来嘲笑。可他非常自信，一番话讲下来令大伙儿群情激昂。我敢说这人以后一定能成大事。"

这位朋友的眼力不错，没出几个月，波拿巴就荣升为巴黎卫戍区司令，坐着豪华马车，结交巴黎社交圈里的精英了。而这一切都是因为 1795 年 10 月的"葡月政变"。

大家都记得那场风波。当时保皇派策划暴动，刚刚成立的**督政府**岌岌可危，**巴拉斯**四处寻找赋闲的军官率兵平息动乱。在这个危急关头，波拿巴匆匆

督政府：1795 年 10 月成立的法国最高政权。

巴拉斯（1755 年—1829 年）：督政府时期的政治家。

领命。

我和战友们跟着**缪拉**将军奔赴萨布隆战场，把大炮集中起来拉到巴黎市中心的杜伊勒利宫。**国民公会**被好几千人威胁，大革命的成果危在旦夕。

毋庸置疑，正是波拿巴的英明决策决定了这场战斗的胜负。他精心部署兵力，确保巴黎心脏地带的安全，在关键时刻果断下令开火，一举击溃了暴动分子。我也不清楚这次行动到底造成多少伤亡，也许好几百，也许好几千，但有人说波拿巴命令军队向聚集在圣罗歇教堂台阶上的保皇派分子开炮，纯粹是一派胡言，竟然直到今天还有人相信这个说法。当时我就在教堂西边不远的地方，隔着二十多座房子，确实听到那边枪声大作，但绝对不能说是"疯狂屠杀"。

明摆着有人在故意诋毁**葡月将军**的声誉。暴动之后，各种说法甚嚣尘上，好多人说他杀人不眨眼，是个冷酷的屠夫，而巴拉斯为了独占胜利光环，说波拿巴一直缩居在指挥部，没敢露头。波

缪拉（1767年—1815年）：拿破仑身边的重要将领之一。

国民公会：1792年9月至1795年10月，法国最高立法机关。

葡月将军：拿破仑的别称。1793年10月，法国国民公会决议采用共和历法，以1792年9月22日共和国成立之日为元旦，每年12个月，月名按季节特点命名，如葡月、雾月、霜月、雪月、雨月等。葡月，相当于公历9月22、23或24日至10月21、22或23日。

拿巴呢，则说自己早在接受巴拉斯的任务时就曾经许下豪言壮语：

"将军，我愿意服从您的命令。利剑出鞘，只有大功告成才能收回。"

沧桑变幻，有人高升，有人沉沦。"葡月政变"为波拿巴打开了飞黄腾达的道路。他很快被任命为巴黎卫戍区总司令，统领四万士兵，其中光是在巴黎和圣克卢就驻扎了一万五千多人。一时间，从杜伊勒利宫到国民议会，巴黎的街道上站满了荷枪实弹的士兵，大街小巷

随处可见巡逻队，首都渐渐稳定下来了。

　　重兵把守之下，巴黎平平安安地度过了随后到来的冬天。但经济形势依然很糟糕，面包成了稀缺品，找不到取暖的木柴，无数人被失业困扰，随时可能再次发生动乱。好几次，波拿巴亲自走上街头劝说百姓不要莽撞行事。其实，他对群众暴动有些惧怕和厌恶——也许是因为亲眼见过**杜伊勒利王宫**被老百姓攻陷——能这样做确实需要勇气。

杜伊勒利王宫： 1792年8月10日，起义群众攻打杜伊勒利王宫，结束了君主立宪政体。

2月，我在杜伊勒利宫附近再次见到了波拿巴将军。和几个月前王宫花园里的那位年轻人相比，他完全变了样，寒酸的旧大衣换成了豪华礼服，腰间系着三色腰带，头上羽毛装饰的礼帽像猎鹰般耀武扬威，眼神中少了些狂热，多了几分成熟，举止更加神气，走路的时候背着双手，身子略微向前，皮靴踩在石板路上咔咔作响，显得整个人自信满满，令人敬畏。从今往后，他就再也没脱了这身派头。

这位军官才华出众，办起事来诸事顺利。很快，他结识了**恐怖时期**之后巴黎最有魅力的女人。也许这位女士已算不上妙龄，但在波拿巴眼里，却有无法言说的魅力，没多久他就决定与她结婚。有些人居心叵测，到处说这位约瑟芬·塔契·德拉帕热利夫人在前夫博阿尔内被砍头之后，行为风流，所以波拿巴获得她的芳心根本不费劲儿。

恐怖时期：1793 年至 1794 年期间，雅各宾派为确保国内形势稳定，打退外来干涉势力而采取政治经济高压政策。

那时，巴黎上流社会的人们纵情声色，据说罗伯斯庇尔死了之后，"受害者舞会"成了最时髦的社交活动，只有那些在断头台上失去了兄弟或者丈夫的人才有资格参加。而约瑟芬就是这种聚会上的女王，直到她决定嫁给波拿巴之后才有所收敛。拿破仑·波拿巴给这个女人带来了无限荣耀，但最终又将她推入了绝望的深渊。

早有巴拉斯，现有约瑟芬，正是这两位人物带着葡月将军走进了巴黎的上层社会，一张通向成功的关系网很快铺开，而且立刻见了成效。1796年3月底，波拿巴，这位新上任的意大利方面军总司令抵达尼斯。

可他手下这支队伍士气低落，没有像样的炮兵，也没有骑兵。**马塞纳**等经验丰富的军人带着怀疑的眼光，打量着这位从巴黎空降来的年轻将领。

人们都说波拿巴善于演讲，几句话就能鼓舞部队的士气。其实，下面这篇后来广为流传的演讲是他最后流亡圣赫勒拿岛时写的："将士们！你们脚下没有鞋，身上没有军装，面包快吃完了，我们的仓库空空如也。而敌人那里什么都有，走，我们去夺过来！有志者事竟成！准备出发！"

马塞纳（1758年—1817年）：法国著名将领，1804年被授予帝国元帅。

伦巴第、皮埃蒙特：意大利北部两省。

5月，法国大军攻下了**伦巴第**和**皮埃蒙特**……我当时一心想追随这位才华横溢的将军南征北战，认为这才是军人最大的荣耀，于是申请加入意大利方面军。这个心愿很快实现了，不久我被调往意大利，翻开了军旅生涯中最辉煌的篇章。

波拿巴深受卢梭的影响，也支持雅各宾派的政策，当然，他更是**野心勃勃的军人**。他的兄弟曾说："7月14日法国大革命的伟业最终由雾月政变完成。"

1789 年

三级会议掀开了法国大革命的序幕，革命民众成立制宪会议，7月攻占巴士底狱，8月4日晚，所有封建权利被废除，法国封建旧制度宣告终结。

约瑟芬
（1763—1814）

约瑟芬

她出生于法属马提尼克的贵族家庭，与博阿尔内子爵结婚后生了两个孩子。大革命恐怖时期她被投入监狱，出狱后成为巴黎社交界名媛，并当了巴拉斯将军的情妇。1796 年，约瑟芬与波拿巴结婚，1809 年离婚后隐居马尔梅松堡。

第一共和国

路易十四曾短暂地尝试过君主立宪，失败后于 1792 年 8 月 10 日宣布退位。9 月 20、21 日革命军在瓦尔密取得大捷，随后第一共和国宣告成立。

罗伯斯庇尔

罗伯斯庇尔曾代表法国阿拉斯市出席三级会议，后来当选为救国委员会成员。他竭力维护大革命确立的基本原则，推行恐怖政策。

路易十六被推上断头台

从 1792 年 8 月 10 日起，路易十六与家人一直被关押在丹普尔堡。9 月，共和国成立之后，如何处置废王路易十六成为公众关注的焦点。罗伯斯庇尔认为不能审讯路易十六，应直接处死："如果审判路易，就意味着他被假定为无罪。那样的话，革命的意义何在？路易必须死，因为祖国要生存。"最终，国民公会判定路易有罪，1793 年 1 月 21 日，他被推上了断头台。

"督政府岌岌可危。巴拉斯四处寻找赋闲的军官率兵平息动乱。在这个危急关头，波拿巴匆匆领命。"

巴拉斯和督政府

1794 年 7 月 27 日罗伯斯庇尔下台，恐怖统治时期结束了。1795 年 10 月督政府成立后，新政权主张缓和政治矛盾，维护大革命的成果。1799 年雾月 18 日，波拿巴发动政变，推翻了以巴拉斯等人为首的督政府。

巴拉斯
（1755 年—1829 年）

夺桥之战

5月20日，**洛迪大捷**之后，我随着获胜之师到了米兰。波拿巴的队伍刚刚在当地百姓的欢呼声中，穿过洛马纳凯旋门走进伦巴第地区的首府。一想到征战意大利是为了宣扬自由民主的"**89精神**"，而不是兼并土地，将士们个个激动万分。

要是心里还微微有些忐忑，当地人那股高兴劲儿也足以打消任何不安。意大利人都在为终于摆脱**奥地利统治**而欢欣鼓舞，大街小巷弥漫着自由和革命的气息，四处掀起欢乐的浪潮。法国军官个个风度翩翩，特别是那些缺衣少食仍然会装阔气的小伙子吸引了意大利女郎仰慕的目光。午后，他们在咖啡馆品尝美味的冰激凌；夜晚，在贵妇的客厅里消磨时光。大好春光里，将士们在重返沙场之前，尽情享受爱情的甜蜜。

洛迪大捷： 拿破仑在意大利战场上取得的重要胜利（1796年）。

89精神： 这里指1789年法国大革命宣扬的自由、平等和博爱精神。

奥地利统治： 当时，伦巴第地区被奥地利占领。

可这个时候，波拿巴和督政府的关系紧张起来。战场上的胜利来得太快了，初露锋芒的波拿巴惹恼了巴黎。督政府想抽出意大利方面军的部分军力，交给**凯勒曼**指挥。但波拿巴一口拒绝，干脆提出辞呈：

凯勒曼（1735 年 — 1820 年）：当时久经沙场的将领。

"军力一旦分散，就无法进行统一部署，那么我们必将失去夺得意大利领导权的最佳时机……率兵打仗，各人有各人的章法。凯勒曼将军比我经验丰富，打仗也许更胜一筹。可是，如果我们两人共同指挥，法军必将一败涂地。"

　　波拿巴对自己充满信心，任何人也不能阻挡他前进的步伐。

　　战斗很快再次打响了，我第一次意识到小小的细节往往会决定一场鏖战的最终结局。在阿尔科拉战场上，法国军队不就是凭借命运的眷顾，才侥幸打赢了胜仗吗？我们的总司令还差点儿丢了性命。

　　已经两天了，将士们冒着深秋的寒雨，在泥泞中踉跄前行。11月15日清晨，我们来到阿勒波纳河上的阿尔科拉桥边。奥地利军队就驻扎在河对岸。战斗进行了好几个小时，倒在敌人枪口下的军官和士兵越来越多，形势越来越危急。就在这个关头，**奥热罗将军**一把夺过军旗，跑上前插在几米开外，回头大声呼喊："勇士们，跟着军旗冲啊！"可是，没有一个人响应。

奥热罗将军（1757年—1816年）：意大利战役时，波拿巴手下强将。

"懦夫，这么怕死吗！"奥热罗怒骂道。

这时，波拿巴一跃而起，跑过去拔起军旗，朝着敌人的阵营继续冲锋，把军旗插到离石桥只有二三十米远的地方。

将士们的士气一下子被将军的勇气和决心激发了，战鼓擂动，新一轮冲锋打响了。波拿巴骑着战马，冲上河堤。突然，火光一闪，他胯下的战马受了惊，长嘶一声，把将军甩到了河边的深沟里。幸亏两名士兵在混战中看到这一幕，冲上去把他从泥浆中拉了出来。若是晚一点儿，波拿巴肯定就淹死在沟里或者死在敌人的枪口下了。

第二天部队继续战斗，波拿巴看到无法从桥上冲过去，便命令士兵下水泅渡。士兵们不顾刺骨严寒纷纷跳进河里向对岸游去，其中有个年轻的鼓手，奥地利人看到他从水里突然出现，吓得不由自主往后退。

浮桥很快也搭建起来，排头兵从桥上冲了过去。战斗在河边的沼泽地里又进行了整整一天，我们才取得了胜利。

毫无疑问，波拿巴的英明果敢在最危急的关头拯救了法军。敌军的人数远远超过我们，可在河边的沼泽里，他们无法发挥数量上的优势。也有人认为波拿巴太固执了，让不少士兵白白丧失了性命。这些人没有上过战场，不会明白当时的情况多么危急。我同意波拿巴的判断，强行渡河是唯一可行的办法，那时候法军没有别的选择，只能孤注一掷。

几个月以后，约瑟芬把**安托瓦·格罗**介绍给波拿巴。这位年轻的画家曾经师从**大卫**，当时刚刚结束在意大利的学业。将军与画家一拍即合，从那以后，格罗一直用画笔追随波拿巴的戎马生涯。

安托瓦·格罗（1771年—1835年）：法国画家。

大卫（1771年—1835年）：雅克·路易·大卫，法国著名画家，代表作《马拉之死》。

格罗的作品让阿尔科拉桥之战永留史册。在这幅画中，身系三色腰带的波拿巴，挥舞着军旗冲向桥头，头发在风中飞扬。他回过头来仿佛正在激励身后的士兵，脸上的神情像远古的英雄从容而又镇定。

看着这幅画，有人可能会觉得可笑，因为实际上波拿巴根本没有踏上阿尔科拉桥。但我看来，这幅画的意义不在于还原战场实貌，而是反映真实的历史。在那个寒风瑟瑟的秋天里，面对气势汹汹的奥地利大军，除了波拿巴，还有谁敢站出来？在他的带领下，士兵们个个忠心耿耿，奋不顾身地投入战斗。通过画上的波拿巴，格罗向全体将士表达了自己的敬意。直到今天，当我凝视这幅画时，依然为那个自由而辉煌的时代感到自豪。要说真有不太光辉的一面，那应该是当时很多士兵已经分不清自己到底为了什么而浴血奋战，是为了保卫远方的共和国，还是向敬爱的统帅效忠呢？

明眼人都能看出这位伟大的军事家在政治上同样野心勃勃。为了显示自己的权力，波拿巴不请示督政府，擅自决定了意大利的命运。征服奥地利管辖的伦巴第地区后，他立刻宣布成立西斯帕丹共和国，并且自行择机在坎波福尔米奥与敌人讲和。

查理大帝：法兰克王国国王，800 年成为皇帝，被后世尊称为"欧洲之父"。

有时我也感到困惑，当人们读到那些把波拿巴比作亚历山大大帝再世或者**查理大帝**转世的意大利诗歌时，

心里会怎么想？这些赞誉的呼声，真的发自老百姓的内心吗？波拿巴对像雪片一样发往巴黎的战报非常重视，要求媒体大肆宣传他取得的胜利。我还知道好多战报就是将军自己亲笔起草的。满篇都是赞美的话："波拿巴像雷霆电光般向敌人杀去。他无所不在，无往不胜……得道者天助之，有志者事竟成！"可那个时候，谁不崇拜波拿巴卓越的军事天才和充沛的精力呢？

但我越来越感到法国军队对意大利百姓的盘剥太重。部队行军打仗需要粮食、军服，这些必需品都依靠当地百姓供给。部队休整时，我遇到的意大利姑娘纷纷抱怨法国军队征税太重。这是意大利重获自由必须付出的代价吗？

后来，赋税变成了勒索，勒索又升级为抢劫。我曾经遇见一位从亚平宁半岛返回法国的军官，他带着十七辆大车，满载着抢来的餐具、油画、珠宝和家具。别人说他看起来像小商贩，可我看那家伙更像个逃脱法网、洋洋得意的江洋大盗。

几年之后，一些来自意大利的艺术精品在卢浮宫展出。像古罗马欢庆军队凯旋一样，卢浮宫举行了盛大仪式来歌颂波拿巴的伟大功绩，还说这些艺术品是遵照两国协议运到巴黎来的。我看那些东西通通是法国从意大利抢来的赃物。这样一想，法国是不是已经背叛了革命的精神？

波拿巴深知图像的力量，他要求艺术家在绘画中表现他沉着冷静、机智勇敢的英雄形象。后来，画面上骁勇善战的军事将领渐渐转变为**英明睿智的政治家**。

《跨越阿尔卑斯山圣伯纳德隘口》

"我要骑在烈马上，神情从容不迫。"按照波拿巴的要求，大卫创作了这幅画。画面中，波拿巴抬起手臂，指向通往意大利的道路。

《跨越阿尔卑斯山圣伯纳德隘口》，大卫

"从那以后，格罗一直用画笔追随波拿巴的戎马生涯。"

《雅法鼠疫病院》

这幅画描绘了波拿巴前往巴勒斯坦雅法医院探视感染鼠疫的士兵时的场景。画中，波拿巴镇定自若地抬手触摸患者的腋下，令人联想起欧洲人的一个古老迷信：人们相信国王的抚摸可以治愈瘰疬。这幅画完成之后，在1804年的官方沙龙面向公众展出，此时的波拿巴已经是法国至高无上的元首。

《波拿巴视察雅法鼠疫病院》，安托瓦·格罗，约1802年

阿尔科拉桥

冲锋在前的波拿巴右手持剑，左手高挥三色旗，回头呼唤身后的士兵。他的头发在狂风中飘舞，但表情沉着冷静，临危不惧。这幅画是胜利的颂歌，也是一部雄伟的史诗。德拉克洛瓦后来在创作油画《自由引导人民》时，也汲取了这幅画中的浪漫主义特点。波拿巴成为第一执政官和皇帝之后，他在油画中的形象越来越稳重，头发短了，神情也越发威严。

《阿尔科拉桥上的波拿巴将军》，安托瓦·格罗，1796年11月17日

埃及神话

我这个岁数的人大多对软弱无能的督政府记忆犹新。大革命的成果虽然保住了，但共和国苟延残喘，各种阴谋、冲突和政变层出不穷，政府摇摇欲坠，国家前途未卜。这种情况下，一场场荣耀的胜仗正在重新构建政治的棋局。

但波拿巴仍在等候时机。回到巴黎之后，他非常谨慎低调，一直在家休息。虽然他住的那条尚特雷纳街因他而改名成了胜利街，很多人等在他家门前想要亲见这位英雄，无论何时何地只要一提起他的名字就能引发阵阵欢呼，但他尽量回避老百姓的热情，很少抛头露面，只是偶尔去**法兰西学院**与智者探讨天文学，或者与文学家聊聊诗歌。

法兰西学院：由法国最优秀的哲学家、科学家、文学家等组成的学术权威机构，下设五个学院。

当然，一代枭雄不会长期安于碌碌无为的平静。没多久，波拿巴被督政府任命为英吉利军团司令官。在布莱斯特到安佛尔港一带进行了一番实地考察之后，波拿巴发现这支军队组织涣散，战斗力参差不齐，渡海与英军直接对战非常冒险。于是他决计挥师地中海，拦腰切断英国与**东方**贸易往来的经济命脉，从背后给法国的宿敌致命一击。

作战方针一旦确定，法国军队很快就行动起来。**4月中旬**我们接到命令向土伦进发，5月开始登船。土伦港桅杆林立，东方号、弗兰克林号等大型军舰停泊在无数大小船只中间，分外雄伟。码头上也是一派繁忙景象，工人们为了给舰队的五万将士提供给养而一刻不停地工作。

这是我第一次远航，踏上甲板时，心中不免有些忐忑，我和战友们都不知道军舰将驶向何方。各种说法纷纭，谁也没有确切的消息。途中，舰队在马耳他岛稍作停留，随后继续向东方驶去。这时候，有人说目的地是埃及，还有人说**纳尔逊将军**的军舰就在我们舰队附近逡巡，这些传闻让人胆战心惊。大家都清楚，不光我们士兵没有经验，指挥官们也缺乏海上作战的能力。大革命期间，很多贵族将军逃往国外，法国海军的战斗力大大削弱。

东方：这里指地中海东岸沿岸国家。当时英国货船来去印度都要穿越地中海和苏伊士海峡，占领埃及意味着掐断了这条海上通道。

4月中旬：1798年。

纳尔逊将军（1758年—1805年）：英国著名将领。

为了保持队形，我们的舰队仅以 3 **海里**的速度缓缓航行。海上的时光乏味又漫长，士兵们靠弹琴、演戏来打发时间。6 月 22 日，波拿巴在军令里终于正式公布了目的地：

战士们，拿起枪！

这场战争将对人类文明和国际贸易产生无法估量的影响，我们要坚决地打击英国，直到给敌人致命一击！

海上航行无比艰苦，战斗无比残酷，但是法军终将取得胜利——命运在我们的手中！

那些**马穆鲁克拜伊**只和英国人做生意，一味打击法国商人、欺凌尼罗河畔的百姓，只要我们到了埃及，只需几天就可以把他们一举消灭。

我们将面对的穆斯林人民，他们信仰"我神之外再无他神，穆罕默德是我们的先知"。对此，别与穆斯林争论，应像对待犹太人、意大利人一样对待他们；像尊重犹太教士和基督教士一样尊重**穆夫提和伊玛目**；像对待修道院、犹太教堂一样，对伊斯兰宗教仪式和清真寺怀有宽容和敬重的心；像尊重摩西和耶稣的宗教

海里：航海时度量距离的单位，一海里等于 1852 米。

马穆鲁克拜伊：马穆鲁克是奥斯曼帝国的一个特殊贵族阶层，拜伊是中东地区对高级官员的称呼。

穆夫提和伊玛目：都是伊斯兰教领袖的称号。

一样，尊重伊斯兰教。

这篇讲话令将士们群情激昂，迫不及待地想与残酷的马穆鲁克人进行一番较量。6月底，舰队终于抵达亚历山大港，我们立刻发起了进攻。战斗进行得还算顺利，可不知道为什么，在当地人眼里我们并不是远方来的解放者。

这种敌意让我们不像在意大利时那样自在。加上这里气候干燥炎热，士兵们却必须穿着欧式军装，死于中暑的人比战场上牺牲的还多。水罐里总是缺水，行军就意味着忍受干渴的折磨。部队士气无比低落，只有战场上的枪声才能令人感到振奋，战死沙场至少强过白白送命。

看到马穆鲁克骑兵自由散漫、毫无集体观念，波拿巴想出了一个新战术：把士兵排成方形队列来抵抗敌人的进攻。在**金字塔战役**中，我们依靠这个战术大获全胜，打通了通向埃及首都开罗的道路。

金字塔战役： 1798年7月21日，法军取得的胜利。

可这之后，我们的运气便急转直下。很快传来了个坏消息，纳尔逊将军率兵把我们留在阿布基海岬的军舰

全部摧毁了，全军上下都感到灰心丧气。这不仅仅是一场败仗，还让我们觉得从今往后就成了囚犯，被囚在这个充满敌意的地方。有人责怪波拿巴太鲁莽，早该把舰队派往**科孚岛**，或者直接返回法国，而不应该让舰队毫无防备地停在敌人的射程之内。

别人受了埋怨也许会感到沮丧，可波拿巴不会这样。仿佛为了凸显自己依然控制着形势，他提出了很多新想法，比如重建埃及行政管理制度、大兴水利工程、开办工厂振兴经济、创办埃及学院、传播**启蒙思想**和工业革命理念等。当地的文化人恐怕不太喜欢法国人这种自命不凡的态度，但必须承认，这次远征带来了深远的文化影响，

科孚岛: 地中海的岛屿。
启蒙思想: 18世纪法国哲学家提出的反对蒙昧主义、专制主义和宗教迷信的思想理念。

蒙日、贝托莱、德侬、雷杜德、圣伊莱尔等数十位学者、文学家和画家与我们一起来到了埃及。

我明白波拿巴宣传法国文化的良苦用心，我想恐怕不是每位军事家都像他一样热衷结交文人。将士们经常拿这个来开玩笑，排兵布阵的时候，总有人打趣说："**驴子和学者站在队伍中间！**"

可土耳其人不会轻易将埃及拱手让给我们。这注定是一场艰苦的战斗，我们不知何时才能回到祖国。1798年9月21日那天，部队举行纪念共和国诞辰的活动，可将士们个个垂头丧气。当波拿巴结束讲话后，按照惯例表彰最英勇的战士时，全场一片默然，没有欢呼，也没有掌声。

敏感的人预感这是个坏兆头，也许他们是对的。不久之后，跟随波拿巴远征叙利亚确实成为我的军旅生涯中最悲惨的一页。

蒙日（1746年—1818年）：数学家和物理学家。

贝托莱（1748年—1822年）：化学家。

德侬（1747年—1825年）：版画家、外交官，他曾参与兴办罗浮宫博物馆。

雷杜德（1759年—1840年）：花卉画家。

圣伊莱尔（1772年—1844年）：自然学家。

驴子和学者站在队伍中间：这句话是拿破仑的名言。因为作战时，驴子是军队的重要物资，需要重点保护，所以此话反映出拿破仑对学者的重视。

"到东方去，一切伟大的光荣都来自那里。"**波拿巴的英雄史诗**充满了异国色彩。远征埃及实现了他的个人梦想，同时体现了督政府通过干扰海上贸易打击英国的战略思想。

埃及图案的装饰盘

远征埃及时波拿巴使用的弯刀

阿布基尔战役

1798 年夏天，一万八千名英国和奥斯曼帝国联军士兵在阿布基尔海湾登陆，占领了半岛。必须把他们赶出去。7 月 25 日，战斗打响了。在这幅画中，人们看到了战斗即将结束的那一刻：敌人被法国骑兵打得一败涂地，一直溃退到海里，他们的首领穆斯塔法·巴夏被带到波拿巴面前。这次大捷一举洗刷了法军不久前败给纳尔逊将军的耻辱。波拿巴从埃及返回法国时，胜利的消息也传到了巴黎。

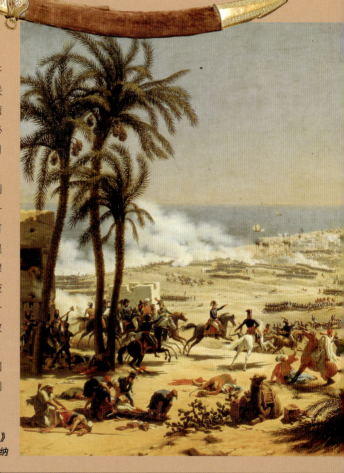

《阿布基尔战役》
路易·弗朗索瓦·勒热纳

"战士们，拿起枪！这场战争将对人类文明和国际贸易产生无法估量的影响……"

埃及热

远征埃及在法国国内兴起了一股崇尚埃及文化的潮流。画家们纷纷以尼罗河两岸风光和历史古迹为题材作画，兴建建筑时则热衷于使用狮身人面像或者莲花图案为装饰。

罗塞塔石碑

阿布基尔战役打响之前，一位法军上尉发现了这块刻有三种不同文字的石碑（古埃及象形文字、希腊文字和埃及通俗体文字）。后来，商博良（法国古埃及学家）通过对这三种文字的仔细研究，破译了古埃及象形文字。

《埃及大观》插图：狮身人面像和大金字塔

《埃及大观》

编写这部巨著之前，**克莱贝尔说：**"这部书将通过大量的地形图片、风景图片和建筑图纸向欧洲人介绍埃及的历史古迹，展现这个国家历史、天文、艺术和社会生活的方方面面。当然，这本书还将介绍埃及近现代的情况。"

克莱贝尔（1753年—1800年）：法国将领，跟随拿破仑征战埃及。1799年，拿破仑回法国时，任命克莱贝尔全权指挥埃及法军，1800年，克莱贝尔在埃及遇刺身亡。

远征东方

我一直不明白波拿巴为什么发动东征，难道他梦想踏着亚历山大大帝的脚步一路东征，直到拿下**君士坦丁堡**，成为东方之王？或者只是想利用战场上的节节胜利争取功名和荣耀，等待时机实现自己的宏图大业？

1799 年 3 月，我和战友们再次受命踏上了征程。部队取道北上不久，形势就急转直下。时至今日，那段痛苦的经历仍然不堪回首。三四天的工夫我们就拿下了**雅法**，可出乎所有人的意料，波拿巴竟然下令把抓获的两千名俘虏全部处死。谢天谢地，我没有接到这个任务。那些奉命执行死刑的士兵把俘虏分为很多小组，挨个儿枪决，弹药用完了，就直接用棍棒打死。这样的屠杀甚至让行刑者自己都感到反感，满怀愤恨。几个星期之后，一位战友跟我谈起这事，竟然忍不住失声痛哭。我想起波拿巴在**耶路撒冷**和**纳布卢斯**曾对当地百姓说："面对朋友，我温和仁慈；面对敌人，

君士坦丁堡：伊斯坦布尔的旧称，奥斯曼帝国的都城。

雅法：巴勒斯坦的一个城市，位于地中海沿岸。

耶路撒冷和纳布卢斯：巴勒斯坦两座城市。

我像雷霆般残酷无情。"也许他认为这场雅法大屠杀是杀鸡儆猴，可他怎么不想想，这样一来，我们不就和敌人同样残忍了吗？难道他不惧怕敌人用双倍的决心和冷酷来报仇雪恨？

这场战争开头不顺，接下来也打得异常艰难。波拿巴使出浑身解数，法军就是攻不下**圣·让·阿卡港**。无论是在港口的防御工事上布雷、用大炮猛轰，还是发起冲锋，我们始终打不破敌人的防线，反而造成不计其数的伤亡。两个月后，我们弹尽粮绝，无数的士兵倒在了枪口下、酷暑中，大家都清楚部队必须撤退，可波拿巴依然绝口不提失败二字。

可怕的瘟疫让这场恐怖的战争从头至尾散发着阴森的味道。行军路上，时常看到染病的士兵倒在地上奄奄一息，身上少得可怜的物品被其他士兵洗劫一空……听说为了缓解鼠疫患者的痛苦，波拿巴下令给他们发放鸦片。随军医生德斯内特向我证实了这个说法。这位勇敢正直的大夫看到被遗弃的伤病员死在路旁，心中无比悲愤。

在这种情况下，格罗怎么能违背事实，把波拿巴描绘成一脸慈悲地安抚鼠疫患者？他的**那幅作品**毫不尊重史实，即使亲

圣·让·阿卡港：地中海沿岸城市。

那幅作品：参见本书第40页油画。

自去看望病人，波拿巴也绝不会冒险与鼠疫患者发生直接接触的。很明显，波拿巴授意画家这样画，是希望通过这个细节表现出自己的仁爱胸怀，就像大革命前的法国国王，曾用手抚摸病人身上的脓疮一样。可时代进步了，谁还会相信这些陈旧的迷信呢？

　　法国军队无奈地向埃及撤退。我们这些骑兵把战马让给了伤员，自己徒步行军，一路上疲惫不堪。回头望去，一片狼烟笼罩四野，因为波拿巴下令放火烧毁巴勒斯坦的所有农田。后来，**惠灵顿将军**被我们打败逃往里斯本时，也曾下令放火烧掉

惠灵顿将军（1769—1852）：英国将军。

沿途农田。战场上使用这一招并不新鲜，也确实有效，但在我看来，这样做的结果是让无辜百姓成了首当其冲的受害者，有损军人的尊严。

　　在我们抵达埃及后举行的阅兵典礼上，将士们个个蔫头耷脑，怨气冲天。这真令人担忧。然而，波拿巴依然信心满满，相信自己永远会得到命运之神的护佑。

　　7月，有消息报奥斯曼土耳其大军在阿布基尔登陆了。波拿巴立刻命令部队向沿海进发。没等我们全部到位，战斗就打响了。这仗打得很痛快，我们很快取得了绝对优势，敌人吓破了胆，慌乱中纷纷向海岸退去，有的倒

在炮火下，有的步履踉跄地掉到海里淹死了。我亲眼见到缪拉将军活捉了**穆斯塔法·巴夏**。这次大捷一举扫清了法军连连战败的晦气，随后赶到的克莱贝尔一把抱住波拿巴，不禁欢呼："将军，您与这大千世界一样伟大，不，整个世界都无法与您相比！"

穆斯塔法·巴夏：奥斯曼大军统帅。

我说不清波拿巴的胸怀和世界相比孰大孰小，反正埃及不能满足他的野心。有天夜里，当缪拉将军悄悄把波拿巴的秘密计划告诉我时，我惊呆了。几个小时之后，波拿巴将带领我们几个人乘船返回法国，把大部队留给克莱贝尔。此时法国国内陷入一团混乱，内战随时可能爆发，我们在国外控制的政权接连垮台。软弱的督政府无力应对这样的局面，为了挽救共和国，波拿巴必须立即赶回去。

"我们是他手下最优秀的士兵，他需要我们。"穆拉只说了这么一句，此外没有提到任何细节。

我感到有些羞愧，只有很少的士兵能跟随将军返回法国，而我有幸被选中了。可当其他战友知道我们回去了的话，他们心里会怎么想，会不会感觉自己被抛弃了？他们留在埃及，仿佛陷入一场遥遥无期的流放……第二

天，我们乘军舰向法国进发。

10 月 9 日，我们在**弗雷瑞斯**登陆，16 日抵达巴黎。刚抵达的几天里，人们疯狂地涌到波拿巴跟前，热情迎接这位意大利战役的英雄、征服东方的将军。他们完全忘了法兰西还有一支军队被留在埃及，人心涣散，疲惫不堪。

弗雷瑞斯：法国东南部港口。

西哀士（1748 年—1836 年）：法国天主教会神父、政治家，1789 年之后活跃于法国政坛。

不能说我对即将发生的一切没有一点儿预感。那段时间，巴黎各种传闻满天飞，到处都在谈论动乱、政变，时不时会有人提及**西哀士**等人的名字。每天都有很多人赶到胜利街，千方百计地想见到波拿巴。将军每次出门都会引起人们好奇的围观，我敢说，最淡泊的人面对这样的崇拜也难以平静。可波拿巴看起来对这一切好像漠不关心，非常低调谨慎。

作为一名军官，我不清楚这次政变前期所做的准备，却亲身参与了政变的整个过程。雾月 18 日那天清晨，我和同伴们在波拿巴家门前集合，将军腰间别着手枪，带领我们向杜伊勒利宫进发。他宣称共和国受到了阴谋的威胁，**两院**要迁到圣克卢宫去，由他来保护。誓师之后，波拿巴看到巴拉斯的秘书赶来了，又滔滔不绝地讲了一通，顿时点燃了现场的气氛：

> 两院：即元老院和五百人院。

"当我离开时，法国是什么样，现在又是什么样？我为祖国创造了和平，而现在她却深陷战乱！我打下的江山，已经被敌人冲破了边防线！我从意大利运回了百万黄金，可现在到处是苛政和贫困！如果这种情况再继续，不出三个月，我们就会回到专制主义。"

专制主义确实很快就统治了法国。

在统帅的带领下，**法国的军队**组织严密，士兵们个个勇敢顽强，在南征北战中积累了丰富的经验，这是制胜的关键。可是，随着时间的推移，其他国家的很多士兵也加入进来，队伍就越来越散漫了。

步兵

工兵和近卫兵都属于步兵。工兵手持战斧，身披牛皮或羊皮的围裙，负责扫清部队前进的障碍。近卫军个个都是精兵强将，戴上高高的皮帽令原本挺拔的身材显得更加高大。

荣誉军团勋章

按理说，百姓和军人只要表现英勇，都有机会获得荣誉军团勋章，但实际上得到这一荣誉的军人数量大大超过普通百姓。

荣誉军团勋章

武器装备

这方面一直没有革命性的突破。1777 年发明的火枪到了 1803 年才稍微有些改进，但每三分钟也只能发射四发子弹，射程在 200 米外就无法保证准确性了。**格利包佛尔火炮**每分钟可以发射 3 枚炮弹，但射程仅为 1200 米。

格利包佛尔火炮：此火炮以法国军事家格利包佛尔命名。他创立了完备的炮兵体制，并对火炮进行了改进，并视为法国炮兵之父。

骑兵

骑兵由重骑兵、轻骑兵和骑乘炮兵组成，轻骑兵又分为骠骑兵和追击兵。波拿巴非常重视骑兵的作用。

近卫军

骑乘炮兵

工兵

"'将军，您与这大千世界一样伟大，不，整个世界都无法与您相比！'"

兵役制

1798 年颁布的《儒尔当法》奠定了兵役制度的基础。该法案规定每年在年满 20 至 25 岁的年轻人中招收新兵，新婚或残疾等情况可免征。1804 至 1813 年期间，近 250 万人应征入伍。

步枪

第一执政

雾月 19 日正午，圣克卢宫一改往日的寂静，这天下午，**元老院和五百人院**的议员们将在宫里的阿波罗廊厅和橘园召开会议。这时候，议员们三三两两聚在一起，交头接耳，有的惊慌不安，有的则一脸听天由命的神情。波拿巴在城堡布置了重兵，将士们摩拳擦掌，准备教训一下这帮根本不懂国事的空谈家。大家心里都明白，接下来的几个小时将决定法国的前途和命运。波拿巴从车上下来时，神态明显有些紧张。督政府垮台了，那几个督政官要么已经辞职，要么被抓了，可是议员们会乖乖听话吗？

下午会议开始后，久久不见结束。性急的波拿巴坐立不安，直接闯入会场。他先去元老院滔滔不绝地讲了一通，招来了议员们齐声反对，阿波罗廊厅里吵吵嚷嚷的声音让宫殿外的我们都能听到。后来，将军在**布里昂**的建

雾月 19 日： 1799 年，雾月政变的第二天。

元老院和五百人院： 是督政府时期的立法机关。

布里昂（1769 年 — 1815 年）：波拿巴的秘书，他曾是波拿巴读军校时的同学，两人友谊深厚。

吕西安·波拿巴 (1775年—1840年)：拿破仑的弟弟，作为科西嘉的代表进入五百人院，并当选议长，在雾月政变中支持拿破仑夺取政权。后与拿破仑反目，退出政坛隐居意大利。

议下离开了大厅，可他又闯进了五百人院的会场。这一次，抗议的浪潮更是一浪高过一浪，我和其他几个等在门外的士兵甚至担心他会被当场干掉。五百人院主席**吕西安·波拿巴**一个劲儿地摇铃铛，提醒议员们保持冷静。可议员们不但不理会，还把他兄弟围在中间，不停地推搡和咒骂。波拿巴的几个贴身卫士想办法挤了过去，用身体保护着他，把他从议员们"违法！违法！"的叫骂声中救了出来。

将军差点儿晕了过去，半天喘不过气来，大厅里面依旧一片混乱。我想不起到底折腾了多久，只知道后来吕西安冲出了大厅，他跳上战马，冲到波拿巴身边，跟战士们说了几句。这时，士兵们的情绪早已是一触即发，一阵响亮的鼓声后，近卫军冲进了橘园。缪拉站在长椅上，高喊：

"把这伙人给我赶出去！"

这下议员们慌了神，他们纷纷脱掉碍事的议员大袍，四下奔逃，有的甚至跳窗向宫殿花园跑去，这场面简直太滑稽了。1789 年以来，议员们一直积极推动政治改革，如今在枪口前却如此狼狈，这样一想真令人心酸。从那时起，大刀便凌驾在法国的国家主权之上了。

雾月政变不符合民主精神，波拿巴很清楚这一点。他原本希望在圣克卢宫召开的两院会议上不动刀枪，给政变罩上合法外衣。但是督政府的威信扫地，无力应对国家的困局。这种情况下，很难讲法国不会再动荡起来。大革命爆发十年了，法国人的政治狂热已渐渐平息，大家都不愿看到国家再度陷入内乱。这时，波拿巴带来了人民最期待的东西——和平。

执政官们宣告："大革命结束了。"

被流放的人获得赦免，亡命天涯的人返回了故里。波拿巴与教皇签订和解协议，持续十年的宗教冲突渐渐平息。和平为国家带来了稳定，政府着手进行政治改革，财政状况也渐渐好起来了。

执政官们： 拿破仑把元老院和五百人院全部解散，宣布成立执政府。执政府名义上有三名执政官，实际上，大权完全掌握在他手中。

现在是时候挣脱外国军队的铁钳了。奥地利乘雾月政变之机，举兵威胁阿尔萨斯和普罗旺斯地区。波拿巴在意大利攻克的大块地盘中，很快只剩下热那亚还在马塞纳将军的控制中。第一执政把兵力集中起来，部署在第戎和里昂之间，天气稍稍转暖就举兵向阿尔卑斯山进发。山上依然白雪皑皑，他相信此时出其不意穿越圣伯纳德山隘发起突袭，一定能一举消灭敌人。

然而没想到，法国大军出师不利。克罗地亚人紧紧把守着山间小路，挡住了炮兵部队的行军路线。更糟糕的是听说马塞纳将军向敌人投降了。事到如今，恐怕暂缓行动更明智，哪怕这样给了奥地利军队撤回**曼图亚**休整的机会。

可第一执政不愿意停下来。法国大军将要翻越阿尔卑斯山的消息已经传开了。这时候怎么能放慢前进的步伐？他急于打一场大胜仗。于是，波拿巴再一次掷出了决定命运的骰子。

6月14日，法军在马伦哥平原上和敌军展开了战斗，两万五千名士兵迎战四万名敌军。我们的大炮很少，而敌人的大炮不下两百门。上午战斗打响了，到午后一点，形势变得非常不利。下午三点左右，我们正准备撤退，战场上突然出现了转机，仿佛命运之神永远庇佑波拿巴。一排排刺刀在远处的阳光下熠熠生辉，**狄舍将军**率领几千士兵赶到了。笼罩在

曼图亚：意大利北部城市。

狄舍将军（1768年—1800年）：法国将军，在马伦哥战役中牺牲。

法军头上的失败阴影顿时烟消云散，大家鼓足信心开始反击，最终取得了胜利。

当然，我们为这场胜利付出了沉重的代价，伤亡约六千人，狄舍将军胸口中弹牺牲在了战场上。英雄之死让我们清醒地意识到马伦哥差一点儿成了灾难的代名词，而波拿巴难脱其责。所以，当我们看到发往巴黎的战报只对第一执政大肆吹捧，而不谈及狄舍的功劳，心里就像打翻了五味瓶。

毫无疑问，此时的波拿巴和我们一样明白，他的权力基础目前非常脆弱，战场的失利将敲响新政权的丧钟——执政府只有不断地打胜仗，才能生存下去；哪怕部队打败了，也必须营造胜利的假象，大张旗鼓地进行宣传和庆祝。

除了战场上的胜败，第一执政还面临其他难题。虽然**富歇**手下的警察密切监视雅各宾派和保王派，查禁了他们的报纸，但这些反动分子并没有死心，始终想方设法推翻波拿巴。1800 年 12 月 24 日，第一执政乘车前往歌剧院，马车经过圣尼凯斯街时，路边突然发生爆炸，在一声惊天动地的巨响中，附近建筑的窗户全被震碎，

富歇（1759 年—1820年）：执政府时期担任警务部长。

数十人伤亡。波拿巴仅仅因为几秒之差，侥幸躲过了这场灾祸。

所有证据都表明，保王派与这次行动脱不了干系，波拿巴却不这么看，他认定雅各宾派是幕后的策动者。这是他的真实想法，还是他想借此机会干掉这帮眼中钉？大批雅各宾派政治家被抓，一些被处以死刑，其他的流放异国他乡。实际上，这些人恐怕根本没有参与谋杀案，但对于波拿巴来说，实现政治目的比公平、公正更重要，他们自然成了牺牲品。当时的形势下，波拿巴必须让旧制度的精英和革命时期的先进分子携起手来，让国家团结一致，但雅各宾派在波拿巴心中，正是实现这个目标的障碍。

暗杀事件之后，我们这位至高无上的领袖愈发无所顾忌了。可不是么，他给法国带来了十年未见的和平，法国人怎能不向他致敬呢？1802年，法国和英国签订了《亚眠条约》，波拿巴在签约仪式上的那番讲话，永远令我心潮澎湃：

《亚眠条约》：1802年3月25日，法国和英国签订了和平协定。

"胜利的荣光，让我们的市民感到骄傲和自豪，我们的邻居无须为此担惊受怕……在最困难的时候，

我们用热情、坚韧和恒心震惊了全欧洲。现在，
让我们以同样的精神投入到农业生产和艺术创作中
去……"

雾月政变之后，波拿巴对法国行政、司法和财政制度**进行了改革**，使法国在政治、宗教和外交等方面获得一段时期的安定。

行政和财政

新的行政体系等级分明，省长代表中央政权，领导地方行政机关。在财政方面，波拿巴下令发行法郎，其币值在 19 世纪长期保持稳定。

拿破仑时期的法郎
（1802 年—1803 年）

政变

雾月 19 日，在巴黎郊区的圣克卢宫召开五百人会议期间，波拿巴和议员们发生冲突，议员们纷纷高喊："干涉议会是违法的！打倒独裁者！打倒暴君！"他们不仅咒骂，还动了手。如果不是近卫军尽力保护，波拿巴难以脱身。在这幅画上，第一执政看起来沉着冷静，可事实上他吓坏了。

《雾月 18 日》
弗朗索瓦·布绍

省长

CODE CIVIL
DES
FRANÇAIS.

ÉDITION ORIGINALE ET SEULE OFFICIELLE.

À PARIS,
DE L'IMPRIMERIE DE LA RÉPUBLIQUE.
AN XII. — 1804.

《法国民法典》

这部法典涉及社会和家庭生活方方面面，共2281条。拿破仑认为这部法典才是他最大的功绩。

"和平为国家带来了稳定，政府着手进行政治改革，财政状况也渐渐好起来了。"

法国与罗马教廷签订《政教协议》

《政教协议》

为实现宗教和解，波拿巴决定与教皇签订《政教协议》。根据这个协议，法国政府虽然不将天主教视作国教，但承认天主教是法国绝大多数人信奉的宗教。各地主教由政府任命，神职人员可享受政府提供的待遇。

两次加冕

应该让拿破仑·波拿巴担任终身执政吗？1802年夏天举行的全民公决中，绝大多数法国人投了赞成票。可我对这个提议却深感不安。波拿巴是一位杰出的军事将领和政治家，没有人可以替代他在法国的领导地位，而且百姓对他的敬爱毋庸置疑，可是一旦让他当上终身执政，法国的大权就彻彻底底地落入他的手心了。

大张旗鼓的宣传发挥了很大作用。报纸上随处可见赞颂波拿巴非凡才华的文章，渐渐地，人们便信以为真。我保存着一份当时的报纸，上面写道："第一执政拥有神奇的力量，每天可以精力充沛地连续工作十八小时。他可以长时间聚精会神地思考同一个问题，或者连续处理二十件公务，却从不会感到一丝一毫的疲乏。"

当我第一次把刻着波拿巴头像的硬币握在手里时，心中很不是滋味。他曾经和我们这些普通士兵一起出生入死，而如今他却成了法国的君主，头像刻在了这枚硬币上。波拿巴入住杜伊勒利宫后，把 1792 年以后增加的、所有带有革命色彩的痕迹全部抹掉。而约瑟芬呢，就像当年的**玛丽·安托瓦内特**，时刻由贵妇侍奉着。旧制度的名门贵族又被请出来，宫里一切起居行事均按照旧时王室规矩安排。

只需再找个借口，第一执政就能摇身一变成为一国之君。很快，机会来了。1804 年 3 月里的一天，几辆轻便马车在巴黎拉丁区的街道上疾驰而过，几声枪响之后，警方抓获了保王派的头子乔治·卡杜达尔，他的同伙皮什格鲁早在几天前就落网了。审问中，卡杜达尔坦白是自己策划了谋杀波拿巴的行动，还说有位住在国外的王室成员正计划偷偷潜回法国。

这时，恰好**塔列朗**得到情报，**孔代家族**的昂吉安公爵就住在莱茵河对岸的德国境内，离**斯特拉斯堡**不远。波拿巴立即认定昂吉安公爵就是那位心怀不轨的王室成员。实际上，公爵在国外居住，并没有参与任何政治阴谋，对他的指控毫无根据，但第一执政执意下令将他立即逮捕回巴黎。军

玛丽·安托瓦内特：
1774 年至 1792 年期间的法国王后，国王路易十六的妻子，1793年被送上断头台。

塔列朗(1754 年—1838年)：拿破仑时期的法国外交部部长。

孔代家族：法国波旁王族的分支。

斯特拉斯堡：法国东部城市，隔莱茵河与德国相望。

令一出，龙骑兵冲进公爵府邸，把他抓了起来。3月20日，拘押公爵的囚车抵达**万森城堡**，当天夜里立即开庭审判。其实，第一执政早就决定了他的命运，审判只是走过场。第二天清晨灯影幢幢中，城堡外的壕沟边传来一声清脆的枪响，昂吉安公爵被枪决了。

我并不同情昂吉安公爵这些叛国投敌的流亡贵族，但第一执政下令实施逮捕的做法非常卑劣，即使他有充分的理由。阴谋家的尸体代表着国王卷土重来的威胁，被公之于众。波拿巴还说，国王一旦复辟肯定会要求收回之前被没收的财产，因此要保卫大革命的成果，只能让他的权力世袭。1804年5月18日，参议院宣布法兰西帝国成立。一个月之后，卡杜达尔在格莱夫广场被推上断头台时，不由悲伤地感叹："我们本想让国王重返法兰西，没想到却迎来了一位皇帝。"

后来人们渐渐习惯了**"法国皇帝拿破仑·波拿巴"**这个称号。随后几年里，法国军队在欧洲所向披靡，为这顶皇冠增添了不少荣耀。可如今在我看来，拿破仑耀武扬威的派头却荒唐可笑，杜伊勒利宫里那个年轻人瘦削的身影早已深映

万森城堡：巴黎东郊城堡。

法国皇帝拿破仑·波拿巴："拿破仑"是名，"波拿巴"是姓，按照西方惯例，称帝之后，人们以名称呼。

我的心中。

在大卫的画笔下，拿破仑的加冕典礼永载史册。**这幅画**上，加冕典礼气势雄伟，色彩辉煌华丽。可我记得很清楚，1804 年 12 月 4 日那天，当达官贵人们在巴黎圣母院门前走下豪华马车的时候，我们这帮军人都在偷偷发笑。这些人都是什么帝国国务大臣、政府首席大臣、财政大臣，个个顶着尊贵的头衔，身披刺绣大氅，头戴羽毛礼帽，穿着高帮皮鞋、真丝长袜，看样子像是来参加一场化装舞会。

那天还有个小插曲。当皇帝和皇后准备离开圣母院时，乐团指挥也许想和"陛下"开个玩笑，让音乐家们奏起一首当时非常流行，但绝对不适合那个场合的小曲，歌词是这样的："从未见过你这样，大摆筵席；从未见过你这样，洋洋得意。"拿破仑听到之后，立刻命令乐团停下来，但周围的人们早已笑作一团。

我没能进入巴黎圣母院参加在大殿中举行的登基典礼，没能目睹拿破仑宣读誓言的历史时刻，但巴黎城里也有很多公开的庆祝活动。典礼的第二天还举行了彩车游行，彩车上的音乐家们演奏着欢快的乐曲，人们纷纷在街头巷尾玩起了**夺彩竿**，个个载歌载舞，兴

这幅画： 参见第 84、85 页。

夺彩竿： 一种游戏，将奖品挂在旗杆杆顶，爬上去摘下奖品算作胜利。

高采烈。彩色气球在协和广场上空飘扬，最大的那个上面画着展翅雄鹰，鹰爪挥舞着印有拿破仑名字的旗帜。晚上还举行了盛大的烟火表演。

对我来说，最重要的活动是12月5日在战神广场举行的授勋仪式。皇帝身着盛装，亲手为士兵颁发雄鹰勋章，随后士兵们宣誓效忠。这个庄严的时刻将永远留在我的记忆中。这些普通的军人用他们的血汗，甚至是生命来帮助拿破仑成了法国的最高领袖。

拿破仑知道自己很快就会再次需要军队的支持。1803年，长期对《亚眠条约》心怀不满的英国推翻了协议。法国在欧洲大陆不断壮大的势力威胁到英国的对外贸易，同时，法国人渐渐膨胀的殖民野心也令人不安。面对想挑起战争的英国人，拿破仑当然不会逃避：战场上的胜利将继续巩固他的权力基础，成为他个人的又一次加冕典礼。

皇帝原计划在英国登陆，于是把军队部署在布洛涅以待时机。可敌人与俄国、奥地利结成了联盟，他只好放弃横渡英吉利海峡的计划，向东进发。

形势看起来很好，法军在维也纳和奥斯特利茨连连得胜，奥地利将军韦尔廷根、乌尔姆、麦克等纷纷投降。奥斯特利茨大战正逢拿破仑登基周年纪念日前夕，那天天气很好，敌人的战线在清晨的曙光下暴露无遗。我们故意在右翼露出弱势，引诱普拉钦高地上的奥俄联军。他们果然上当了，调兵遣将想要来攻打我们的右翼，结果露出了自己的弱点。拿破仑命令**苏尔特**的军队向敌人最薄弱的地方发起猛攻。午后，我们攻占了高地，俄国人被迫退到结冰的湖面上。冰面不堪马蹄踩踏，更经不住炮弹的轰炸，敌人纷纷落入冰水中，一败涂地。

苏尔特（1769年—1851年）：法国军事家、政治家，在奥斯特利茨战役中表现突出。

这天晚上，战斗结束后，拿破仑说的一番话让人无法忘怀：

"战士们，你们英勇作战，为胸前的雄鹰勋章增添了光彩，我为你们感到骄傲。完成保卫祖国的光荣使命后，我要带领你们回到祖国，无微不至地照顾你们。我的臣民将满腔欢喜地迎接你们，你们只要说：'我参加了奥斯特利茨战役。'他们就会夸赞：'好一个勇士！'"

听到这里，我惊呆了。法国人进行翻天覆地的大革命，难道是为了有一天被人唤作"我的臣民"？我怀念大战前夜的波拿巴，那天他穿着灰色礼服，头戴双角帽，在阵地上来回巡视，像普通军官一样和士兵们亲切交谈，那时的他仍然理解和珍视这种在战火中凝结的友情。

"共和国政府的权力落入了皇帝手中。" 1804年，经全民公决，**新的政治制度**诞生了，巴黎圣母院举行的皇帝加冕仪式为这个政权增加了神圣的光环。

大卫

作为帝国的官方画家，大卫见证了当时的各种重大政治活动，并用画笔记录下来。

大卫的《拿破仑一世加冕大典》

这幅画表现的是加冕典礼上的一幕。教皇庇护七世为拿破仑涂上圣油后，拿破仑从教皇手中拿过皇冠，戴在自己头上，然后转身为跪在地上的约瑟芬戴皇冠。皇帝和皇后位于画面正中，四周围绕着皇室成员和宫廷权贵，都佩戴着象征高贵地位的珠宝首饰和荣誉勋章。教皇抬着手，仿佛正在为皇帝祈福。画中还可以看到坐在包厢里的拿破仑的母亲莱蒂齐娅·拉莫利诺，实际上，她并没有出席加冕典礼。画家把自己也画了进来，坐在贵宾席的左上方，手中握着画笔。当拿破仑看到这幅画时，不禁惊叹："这不仅仅是一幅画，它可以令人们走进去，回到加冕典礼的那一天。"

蜜蜂

代表帝国的蜜蜂纹饰取代了代表王室的百合花。

"在大卫的画笔下，拿破仑的加冕典礼永载史册。这幅画上，加冕典礼气势雄伟，色彩辉煌华丽。"

战争之痛

1805 年 12 月 2 日，拿破仑在奥斯特利茨战役中一举打败了奥地利皇帝和俄国沙皇，称雄欧洲。随后，这场胜利导致威尼斯、弗留利和伊斯特利亚被吞并，达尔马提亚被拿破仑掌控下的意大利王国兼并了。同时，皇帝令他的长兄约瑟夫·波拿巴当上了那不勒斯国王，他的元帅缪拉被封为贝格大公爵，他的三弟路易·波拿巴当上了荷兰国王，**莱茵同盟**也被置于拿破仑的"保护"之下。波拿巴家族和**博阿尔内家族**通过与欧洲各国王室频繁联姻，不断地巩固法兰西帝国的基石。

可是，这座大厦的根基仍然不牢固。1805 年 10 月 21 日，早在奥斯特利茨大捷之前，法国海军在**直布罗陀**西口的特拉法加海角遭遇了惨败，英国海军上将纳尔逊用生命为祖国夺回了海上霸权。

莱茵同盟：法国皇帝庇护下的德意志诸邦成立的联盟。

博阿尔内家族：这里指约瑟芬皇后家族。

直布罗陀：西班牙最南端的港口城市，英国在西班牙王位继承战争中攻占。

各家报纸对这场败仗几乎没怎么报道。海上折戟之后，拿破仑被困在大陆，只能通过贸易封锁来挟制英国。欧洲大陆所有海岸线都被严格封锁，"大陆封锁"成了反英前线，似乎细微疏漏都会威胁到法兰西帝国，任何一个与英国进行贸易的国家都会立刻成为法国的敌人。这种形势下，战争一触即发，欧洲再无安宁之日了。

与此同时，我们这帮多年跟随拿破仑作战的老兵发现自己找不到当年的激情了。法国军队的作战能力远不如前，行军速度也慢了，而敌人汲取以往失败的教训，学会了如何破坏我们的作战计划，不再像以前那样只能用游击战来对付我们。

锡耶纳之战： 1806年10月16日，法军与第四次反法同盟之间的著名战役，法军获胜。

不知不觉中，法国军队变了。**锡耶纳之战**后，拿破仑计划攻打俄国军队，他大举征兵，招收了几万名完全没有战斗经验的年轻人，他们可没有我们年轻时的那股壮志豪情。就在猛然之间，我和战友们突然发觉，当年一起在意大利浴血奋战的老兵没剩下几个，1807至1808年间，很多兄弟都倒在了战场上……我们也老了，手下新兵还很稚嫩，从未经历过战火的考验。而且，随着队伍不断壮大，外国士兵越来越多。怎么能指望意大利人、波兰人抱着和法国人同样的信仰，为同一个目标奋勇作战呢？

在我看来，**艾劳会战**是法兰西帝国在军事上遭遇的第一个重创。这么多年的军旅生涯中，我从未见过这么惨烈的场面。那天寒风凛冽，纷飞的大雪几乎让人睁不开眼，战士们都被冻僵了。我和战友们在穆拉将军的带领下，奋力反抗俄军，因为表现英勇，所以战斗一结束我就被皇帝晋升为上校，还获得了荣誉勋章。可是，这个荣誉让我感到不安，我们真的打赢了这场战斗吗？1807年2月8日的那个漆黑夜晚，战场上尸横遍野，伤员不计其数，好几天以后部队才恢复元气。尽管发往巴黎的战报对此轻描淡写，但我仍能猜到首都在为部队担忧。

不管怎么说，这场战斗还是没有白打。我们乘势在弗里兰德又打了胜仗，拿破仑准备在**蒂尔西特**与俄国沙皇签署和约。那次会面被安排在涅曼河上的木筏上。

"陛下，我同您一样痛恨英国人！"沙皇亚历山大开门见山地说。

艾劳会战： 1807年2月，法国军队同俄罗斯军队之间的战役，双方不分胜负，但法军伤亡惨重。

蒂尔西特： 今苏维埃茨克。

"既然这样，和平就在我们眼前。"拿破仑回答。

这回，拿破仑重新划分了欧洲版图，普鲁士一大半的国土被割给了威斯特伐利亚王国和华沙大公国等。欧洲大陆海岸全线对英封锁，英国更加孤立了。为了巩固封锁线，拿破仑要求西班牙国王允许法军穿越西班牙领土开往葡萄牙。1807 年底，**朱诺**将军的大军开进了里斯本。

拿破仑的野心永无止境，他想要吞并整个**伊比利亚半岛**。当时西班牙王室

朱诺（1771 年—1813 年）：拿破仑军队的著名将领。

伊比利亚半岛：欧洲比利牛斯山以南的地区。

内部矛盾纷乱，在他看来拿下这个国家易如反掌。然而，这场似乎可以轻易得胜的西班牙战争，很快就变成了凄惨的悲剧。

1808 年 2 月底的一天，缪拉将军告诉我，他被任命为西班牙方面军指挥官，统辖五万多名士兵。可是皇帝并没有给这支军队下达任何明确的任务。

可以想象，当西班牙老百姓看到外国大兵在马德里的街道上耀武扬威时，心里作何滋味。尤其是有些法国士兵为非作歹，肆意欺压当地百姓，令人愤愤不平。没多久，西班牙各地就发生了骚乱。老国王查理四世软弱无能，眼看形势不好就宣布退位，把他最憎恶的儿子斐迪南推上了宝座。父子俩多年来积怨很深，拿破仑决心对此加以利用。

他借口解决这场官司，将老国王和新国王召集到巴约讷，强迫他们同时宣布退位，将王冠拱手让给自己的哥哥约瑟夫。法国大革命的继任者竟然以这样的方式为西班牙人民带来"自由"。

西班牙人民愤怒了，没等巴约讷会晤结束，马德里的百姓就率先站了出来。他们咒骂在街头巡逻的法国军队，遇上单枪匹马的法国士兵就发动袭击；在教堂里，人们恳求上帝让法国人滚出去……

5月2日，马德里就像葡月暴动时的巴黎那样令人恐惧，人民起义就像烈火般四处蔓延。为了控制局势，我们没有别的选择，只能把刀尖对准老百姓。无数老人、妇女和孩子在哭喊声中，找到了倒在血泊中的亲人。在我的眼里，战场上再残酷的拼杀也无法与这样的惨状相比。

历史证明，杀戮永远不能带来胜利，镇压只会让仇恨的火焰熊熊燃烧。我们终于认识到西班牙人民会怎

样对待占领自己国家的敌人。法国士兵巡逻时提心吊胆，一不小心就会落入埋伏，之后就成了一具被倒挂在街头巷尾的尸体。连教士们都鼓动当地百姓拿起武器对付我们。一本反法的小册子在伊比利亚半岛上流传甚广，其中有几句话被翻译成法语，我现在还记得很清楚：

"杀死一名法国人是犯罪吗？"

"不，神父大人，这是拯救祖国的光荣行为。"

"哪个敌人夺走了我们的幸福？"

"法国皇帝。"

"他这个人怎么样？"

"邪恶而又冷酷。"

"他来自哪里？"

"来自罪恶的地狱。"

在这场人民战争中，法国士兵毫无办法，他们不知道自己何时会遭遇厄运。但这绝不是法军可以滥杀平民的理由。我感到万分耻辱，同时深深感到拿破仑的野心正将法国拖入失败的深渊。就在这个时候，有消息说杜庞将军率领的部队在**拜伦**被西班牙军队打败了，这是法国军队第一次在阵地战中失利。我想，这是神灵的警谕。

拜伦： 在西班牙南部。法国军队于 1808 年 7 月 22 日战败于此。

波拿巴的统治引起国内反对者的阴谋暴动，也激起了外国人民的反抗。

圣尼凯斯街爆炸案

这幅画的技法虽说有些稚嫩，但仍然反映出爆炸发生时恐怖的一幕：受害者被气浪高高地掀到空中，路人惊慌地四处逃窜。波拿巴在这次由保皇派策划的恐怖行动中不仅毫发未伤，还借机打击了雅各宾派。

西班牙之困

毋庸置疑，西班牙战争是拿破仑统治的转折点。他曾说："这场战争对法国来说是一场灾难，不仅军事力量被严重削弱，道义上也受到其他国家的批评。让我忏悔吧，不应该发动这场战争。"欧洲各国开始联合起来反对拿破仑。

"他们咒骂在街头巡逻的法国军队，遇上单枪匹马的法国士兵就发动袭击……"

《处决起义者》
（1808 年 5 月 3 日）

1808 年 5 月 2 日，马德里人民发动起义。第二天夜里，法国士兵没有经过任何审判就枪决了被捕的起义者。弗朗西斯科·戈雅通过这幅画表现了枪决时的残暴场景。面目模糊的法国士兵紧紧地排成一排，仿佛变成了一架真正的战争机器，而画中的西班牙人表情各异，有的顽强不屈，有的面露恐惧。刽子手紧握刺刀直指遇害者的胸口。这幅画布局紧凑，明暗对比强烈，突出了法国士兵行刑的暴虐。

约瑟夫·富歇

法兰西帝国警察总署长官富歇靠招收间谍和线人，组织起周密的情报网。通过这个网络，他成了全国消息最灵通的人，掌管着无数的秘密档案，甚至包括拿破仑本人的各种资料，令人畏惧。

《处决起义者》(1808 年)
弗朗西斯科·戈雅

《万国之君》

这幅漫画中，妄图统治世界的拿破仑踩着高跷。他的一只脚踩着马德里，另一只脚踩着莫斯科，摇摇晃晃都快跌倒了。画面正中是法国的枫丹白露城堡。1814 年 4 月 6 日，拿破仑在这座城堡宣布退位，离开了法国。

折翅雄鹰

1809 到 1811 年间，拿破仑的敌人趁着法国军队在西班牙受挫之机，重新振作起来，但这时的巴黎人还陶醉在法兰西帝国的辉煌之中。拿破仑赢得了瓦格拉姆之战，觉得自己战无不胜，与奥地利签署的《和平协议》也让局势逐渐缓和。皇帝迎娶了奥地利公主玛丽·路易丝，他打算通过这个婚姻弥补约瑟芬不能生育子嗣的遗憾，同时也借机与维也纳的**哈布斯堡王朝**缔结长期的联盟。小王子诞生时，一百零一响礼炮冲天而起。但在外交方面，法奥联盟很快破裂，拿破仑和沙皇之间的友情早就成了陈年旧事。

哈布斯堡王朝：奥地利帝国的统治家族。

贸易封锁不仅把英国逼到了破产的边缘，欧洲大陆各国的经济也受到严重损害。这些国家再也不愿忍受拿破仑的高压统治，纷纷寻找机会摆脱法国的控制，各国人民举起了反抗的旗帜。

偏偏在这个时刻，皇帝产生了他一生中最荒谬的念头：攻打路途遥远、领土辽阔的俄国。一声令下，五十万大军很快集结起来。可是，这支部队再也不能像当年攻打意大利那样迅雷般扑向数量上占尽优势的敌人。军队机构臃肿，行动缓慢，无法掌握战场上的命运。皇帝自己也老了，松弛泛黄的脸庞上再也找不到曾经不可一世的英雄气概，元帅们个个拖着名望和财富的包袱，萎靡不振，懒得出征。

部队跌跌撞撞地踏上了征程。将士们在无边无垠的荒野中慢慢前行，像漂泊在海上的船只，无望地驶向遥不可及的地平线。敌人非常狡猾，一直回避正面战斗，

躲着我们。结果战线越拉越长，我们的队伍不得不分散在这旷野中。天气酷热无比，令人喘不过气来，很多士兵感染了痢疾。到 8 月底，战斗还没有打响，我们已经损失了四分之一的兵力。

终于，**库图佐夫**接到沙皇的命令，决定迎战。法俄两军在**莫斯科河**附近大战了一场。就在这次战斗中，我对拿破仑的指挥能力产生了怀疑，他在关键时候踌躇不决，差点儿让我们付出惨痛的

库图佐夫（1745 年—1813 年）：俄国元帅，著名将领、军事家。拿破仑 1812 年发动对俄战争时，任俄军总司令。

莫斯科河：法俄两军于 1812 年 9 月 7 日在此开战。

代价。战后，队伍里很多军官议论纷纷，我们都认为皇帝出现了失误。

但不管怎么说，这场战斗打通了通向莫斯科的道路。1812年9月14日，法国军队开进了这座城市。城里一派凄凉，老百姓都逃走了，大街小巷死一般寂静，偶尔听到一两声枪响或者乌鸦的惨叫。第二天，好几处地方突然起火，我们一时以为火势被控制住了，可那天夜里大火越来越猛，吞没了整个莫斯科城。俄国人宁愿把这座城市烧毁，也不愿意让她落入法国人的手中。

　　法军在莫斯科的废墟里驻扎了一个月，也许本应该坚持到冬天结束，但皇帝不能也不敢远离巴黎太久，便命令撤退。但这时候决定撤退又太晚了，凛冽的秋霜预示着严冬即将来临。随后几周的行军让我永生难忘。天阴沉沉的，我们在风雪中摸索着踉跄前行，刺骨的寒风夹杂着冰碴打得脸生疼，根本睁不开眼。我们经常在无边无际的白色荒原中走着走着便迷失了方向，还不断地遭到哥萨克骑兵的突袭。他们的动作快得很，风一样来去无踪，让人又惊又怕，造成了不少伤亡。

春天向莫斯科进发的时候，我们就把沿路的村镇洗劫一空，现在这些村子空空如也，再不能给部队提供给养了。将士们忍饥挨饿，在寒风中瑟瑟发抖，胯下的战马累死了，就把马肉拿来充饥。想起那种半生不熟的血腥味道，我现在还觉得恶心。当年的法国大军就这样沦落成了一帮茹毛饮血的土匪。

11月底，我们抵达**别列津纳河**畔。为了保证大军渡河，**埃布雷将军**麾下的工程兵率先跳入冰河搭建两座浮桥。很多人为此献出了生命，可他们的英勇却换来令人心碎的一幕：随后赶到河边的大队人马惊慌失措，不听指挥，争先恐后地挤上桥去，不少人在混乱中被踩死，或者掉到河里淹死了。

这次失败动摇了拿破仑政权。在巴黎，有个马莱将军居然宣布拿破仑在俄国阵亡，趁机发动政变，还把持了**几个小时**的政权。这个关头竟然没有人想到应该让皇后摄政。盛怒和不安之下，皇帝又一次抛弃军队，匆匆赶回巴黎。上一次他从埃及返回巴黎是为了夺取政权，而这一次他却是为了挽救自己的宝座。

别列津纳河：白俄罗斯境内河流。

埃布雷将军（1758年—1812年）：少将，炮兵专家。

几个小时：1812年10月23日，关在巴黎监狱的共和派将军马莱越狱逃出，他宣布拿破仑在俄国阵亡，伪造了元老院关于恢复共和政体的法令，造成巴黎一度混乱。两小时后，马莱被捕，并被判处死刑。

回到巴黎之后，我就告病休假。当时我已经预感到，这场战争毫无意义，拿破仑再这样执迷不悟，必将走向灭亡。整个欧洲都起来反抗他，他还盲目地相信自己能够掌握命运，扭转乾坤。**莱比锡战役**中，反法联军的兵力是我们的两倍，可大败以后，拿破仑依然拒绝和谈。

莱比锡战役： 1813 年 10 月 16 至 19 日，法军在莱比锡被俄国、奥地利和普鲁士联军打败。

这时的法国已经无力再战了，可拿破仑还在继续征兵，不断增加税赋。我们被打回法国境内，虽然凭借皇帝的军事才华，后来又打了几次胜仗，但是敌人的铁钳越来越紧。得知敌军冲进巴黎时，我的泪水忍不住夺眶而出，然而几天之后，拿破仑在枫丹白露宫宣布退位的消息还是让我轻松起来。这不正是我暗中期待的结局吗？这场战争打得太久了，拿破仑的个人野心把法国拖垮了。

俄国战争是法兰西帝国战争史上最悲惨的篇章。"严寒将军"的威风令法国军队溃不成军，短短几个月，这支曾经威震欧洲的军队一败涂地。

痛苦不堪的士兵

零下 30 摄氏度的严寒中，将士们个个衣衫褴褛，胡子上挂着冰碴，脚上缠着破布。伤员们倒在路旁，奄奄一息，侥幸没受伤的也被冻僵了，所有人都忍受着饥寒交迫的折磨。

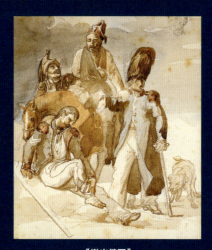

《撤出俄国》

讽刺漫画

零拿破仑曾经说："不管报纸怎么讽刺打击，我都不会恼火。"英国人偷偷摸摸地在欧洲大陆散发丑化拿破仑的漫画，先是讥笑他瘦骨嶙峋，后来又把他画成身材矮小的胖子。

小矮子

在这幅画中，身材矮小、大腹便便的拿破仑站在石块上检阅军队，他需要踩着梯子才能爬上战马。而一旁的士兵们看起来就像是一帮街头卖艺乞讨的乌合之众。

抢渡别列津纳河

法军抵达别列津纳河时，敌人眼看着就要追上来了，必须尽快从工程兵临时搭建的两座小桥抢渡过河。"黑压压的人群，混杂着马匹和推车，纷纷涌向这两座桥，通向桥面的路口拥挤不堪。"

"我们……走着走着便迷失了方向，还不断地遭到哥萨克骑兵的突袭……"

士气低落的部队

为了鼓舞士气，拿破仑在别列津纳河边带头唱起了《马赛曲》。这支曲子曾被认为是反动歌曲，1800年被禁止传唱。而极度厌倦战争的士兵们唱起另一首《马博罗上战场》，以示反抗。

流亡时代

拿破仑**宣布退位**后不到一年，波旁王朝复辟了。那个曾经掌握欧洲命运的人在离科西嘉不远的厄尔巴岛，焦急地观望。旧制度再次降临法兰西，但百姓重归了安稳的生活。

宣布退位： 1814 年 4 月 20 日，拿破仑在巴黎附近的枫丹白露宫宣布退位。

突然，一条消息像惊雷般在人群中炸响：拿破仑刚刚在儒昂港登陆，他回来了。报上说，这个恶魔、暴君、篡权者正向巴黎进发。人们既感到惊讶又十分好奇。我看到很多原本对他充满敌意的人，突然间被这种不断与命运抗争的勇气折服。随着拿破仑距离巴黎越来越近，报纸也渐渐改变了腔调。最后当他抵达杜伊勒利宫时，巴黎人蜂拥而至，齐声欢呼："皇帝万岁！"民心真是瞬息万变，几个月前，皇帝退位离开巴黎时，可是受尽了百姓的侮辱和谩骂。

也许困在岛上的时候，拿破仑就已经料到了这一幕。有人通风报信说复辟的波旁王朝不得人心，这让他坚信这次行动能够一举成功。可是，他回来想做什么？真如他自己所说，为人民建立自由的帝国？还是企图再次登上皇帝宝座？富人们对他的态度非常冷淡，甚至充满敌意，而**外省**则沉浸在动荡不安之中。

反法联盟一致认定拿破仑是"破坏稳定的捣乱者和敌人"。眼看大战一触即发，皇帝夜以继日地工作，准备重建军队抗击敌国。法国仿佛又回到了大革命时期，敌人的威胁迫在眉睫，必须拿出行动捍卫自由。对此有人难以抑制心中的激动，可更多人已经厌倦了战争。连我也不想再拿起武器了，虽然年轻时的赫赫战功依旧令我心潮澎湃，但这一次还是听任命运的安排吧。

1815 年 6 月 18 日，一切结束了。虽然**内伊将军**打得非常顽强，但**滑铁卢战役**为拿破仑重新征服欧洲的梦想画上了句号。

外省： 习惯上把巴黎之外的地区称为外省。

内伊将军： 法兰西帝国元帅。

滑铁卢战役： 反法联军取得决定性胜利的一场战役。

拿破仑最后的反击令反法联盟忍无可忍，他们提出了最为苛刻的和平条件。法国为皇帝的百日复辟付出了沉重代价。

原本以为可以得到英国的庇护，几经周折，他登上了停靠在法国海岸的别列洛风号英国军舰。那时他还不知道，自己的流放地远在南大西洋荒凉的圣赫勒拿岛上。

在那座小岛上，拿破仑度过了生命中最后的五个春秋。他忍受着英国总督哈德森·洛夫的侮辱和刁难，潜心梳理记忆，口述回忆录，撰写人生的传奇史诗。

1815年之后，欧洲的创伤渐渐愈合，各国之间的仇恨慢慢消融。如今，皇帝已死，英国会同意法国接回他的遗体吗？这本该是胜者应有的风范和气度。哎！可实际上，为了避免任何有关拿破仑帝国的联想，他的宿敌甚至不允

许在他的墓碑上只镌刻他的名字"**拿破仑**",而非要刻上全名"拿破仑·波拿巴"。这般计较简直可笑。皇帝身着骑兵上校军服,躺在圣赫勒拿岛上寂静山谷的柳荫下,他的墓碑上没有名字,却显得无比庄严。

拿破仑: 由于英法无法就铭文达成一致,拿破仑的墓碑上只刻着"永眠于此"四个字。

我的肩头也感受到了岁月流逝的沉重。也许不久以后,人们在拉雪兹公墓散步时,会在一块简单朴素的石头墓碑上看到这么几个字:"艾克多尔·费尔贡,骑兵上校,荣誉骑士。这位勇敢的军人曾经参加了阿尔科拉和奥斯特利茨战役。"

我真希望能再多活几年,见证这部伟大史诗的尾声。闭上眼,我仿佛能看到拿破仑的遗骨由圣赫勒拿岛抵达法国时那庄严肃穆的一幕。身披灵帐的高头大马拉着装饰着法兰西帝国雄鹰标志的灵车缓缓驶进巴黎,穿着旧军装的老战士们在灵车两旁护卫。人们默默地肃立在街道两旁,向皇帝的灵柩致敬。所有政府要员出席了为拿破仑举行的追思弥撒,礼炮的阵阵轰鸣在巴黎上空久久回响。

离世前,拿破仑曾经留下遗言:"请将我的遗体安葬在塞纳河边,安葬在我深爱的法国人民中间。"现在,他的心愿终于实现了。

圣赫勒拿岛承载了拿破仑**人生最后的凄凉**，成为他的殉难之地；而巴黎荣军院，因为安放着他的遗体，成为人们追思帝国的圣殿。人们对拿破仑的怀念永远留在这些见证传奇的地方。

拿破仑在圣赫勒拿岛上的住所

拉雪兹公墓

1804 年 5 月拉雪兹公墓开放后，安葬着第一帝国很多重要人物，特别是公墓中央的山丘集中了数位元帅、将军的墓地，成为帝国的纪念碑。

南大西洋中的圣赫勒拿岛风光

圣赫勒拿岛

被废黜的皇帝和几位随从住在一座简朴的房子里。天气晴朗时，他在花园的凉亭里吃午饭。1821 年 5 月 5 日，拿破仑在这里去世了。

荣军院拿破仑墓
由法国雕塑家维斯孔蒂设计的花岗岩棺椁，安放在荣军院穹顶下特意改造的大厅里。

> **"请将我的遗体安葬在塞纳河边，安葬在我深爱的法国人民中间。"**

1840年12月15日，拿破仑的灵枢返回巴黎（这是灵车经过协和广场时的情景）

灵枢抵达巴黎
拿破仑的灵车像一尊闪亮的金字塔，由十六匹马牵引着缓缓驶来。灵车底座装饰着奖章和雄鹰的图案，上面立着查理大帝的皇冠。之上是手握金色盾牌的女神像，棺椁安放在最上层，盖着紫色的轻纱。

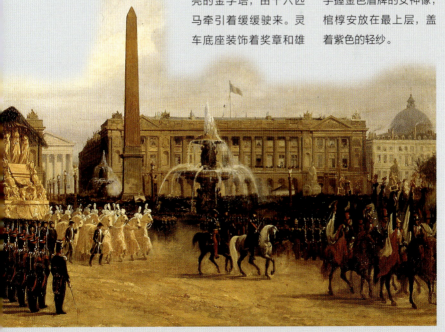

历史与传奇

歌功颂德

　　拿破仑是一位精明的管理者和杰出的军事家，同时他也善于大做宣传。从意大利战役起，他就敏锐地认识到新闻报道对老百姓的影响，每篇战场报道他都要亲自审阅。掌权之后，拿破仑更是用尽手段，利用无数绘画和雕塑作品塑造自己为国效力、战无不胜的光辉形象。军人视他为严父，孩子们在启蒙读本中熟读他的传奇故事。将士们的战场见闻、部队发回的报道和《圣赫勒拿回忆录》中的记载，无不对他歌功颂德。

口诛笔伐

　　同时，拿破仑生前也受到猛烈的抨击，有人说他是嗜血成性的恶魔、贪得无厌的妖怪和扼杀欧洲自由的暴君。欧洲各国对这个来自科西嘉的篡权者、独裁者的口诛笔伐确实从未停歇。法国国内的反对派中，拿破仑特别希望当时最有名的作家夏多布里昂能够改弦易辙，加入他的阵营。

　　直至今日，有关拿破仑的争论依旧没有停息。历史长河中，很少有人像他一样，引发如此多的思考、研究和创作。

拉斯·卡塞斯（1766 年—1842 年）

《圣赫勒拿岛回忆录》由拿破仑口授，拉斯·卡塞斯记录，于 1823 年出版。书中反映了圣赫勒拿岛上的流亡生活，同时也记录了这位废黜皇帝回想往事时的人生思考。

本书作者的创作思路

波拿巴的一生功绩取决于军事成就，而他建立的帝国体制也带有浓厚的军事色彩。因此，作者选择以一位军官的视角撰写本书。

主人公参加了波拿巴南征北战的历次重要战役，从意大利之战到远征埃及，从奥地利打到西班牙和俄罗斯。字里行间可以看出，这位穆拉将军麾下的军人不断晋升，还获得了荣誉勋章，但他无法见证波拿巴戎马生涯的所有场景。实际上，由于战争无比残酷，几乎没有人能够始终追随拿破仑，从阿尔科莱一直打到俄国。

这位军官作为亲身经历者，掌握了很多常人无法了解的信息，从而在书中流露出对拿破仑的种种反思。作者在写作时刻意突出了这样的思考。可以想象，连绵多年的战火中，战士们自然会渐生厌倦；而军人们在满心钦佩这位杰出的军事将领的同时，看到他逐渐成为控制整个欧洲的暴君，也不免会进行深思。

夏多布里昂（1768年—1848年）

1814 年，在波拿巴发动政变的前夕，拿破仑帝国最坚定的反对者夏多布里昂写道："看，你对伟大的法兰西做了些什么？我们的财富哪儿去了，意大利、整个欧洲的财富呢，都被你弄到哪儿去了？你口口声声说建立共和国，却让我们成了奴隶。我们不再爱你了，恶魔！别再吞下我们的孩子。别再征兵，什么警察、审查、枪战、暴政，所有这一切都滚开吧！"

图片来源

16 左：《星形广场上的凯旋门》，R. 德比松收藏；

下：《巴士底广场大象喷泉设计图》，J-A. 德龙，罗浮宫收藏，©法国国家博物馆联合会，M. 贝洛；

中：《法兰西第一帝国检阅式》，J-L-H. 贝朗热，罗浮宫收藏，©法国国家博物馆联合会，F. 罗。

17 右：《万多姆圆柱》，V-J. 尼科勒，玛尔麦松和普雷奥森林城堡收藏，©法国国家博物馆联合会，M. 安德烈。

28 左：《罗伯斯庇尔肖像》，L-L. 布瓦伊，里尔艺术馆收藏，©法国国家博物馆联合会，R-G. 奥热达；

上：《约瑟芬皇后》，德. 圣，玛尔麦松和普雷奥森林城堡收藏，©法国国家博物馆联合会，G. 布洛；

中：《路易十六的悲惨结局》，无名氏，

巴黎卡纳瓦莱博物馆收藏，©法国国家博物馆联合会，比洛。

29 右下：《保罗·巴拉斯肖像》，P-M. 阿利克斯，巴黎法国国家图书馆，©法国国家博物馆联合会，若斯。

40 上：《跨越阿尔卑斯山圣伯纳德隘口》，J-L. 大卫，玛尔麦松和普雷奥森林城堡收藏，©法国国家博物馆联合会，D. 阿诺代；

下：《雅法鼠疫病院》，A-J. 格罗，尚蒂伊孔戴城堡收藏，©法国国家博物馆联合会，H. 布雷雅。

41《阿尔科拉桥上的波拿巴将军》，A-J. 格罗，凡尔赛和特里亚农城堡，©法国国家博物馆联合会，G. 布洛。

50 右上：远征埃及时波拿巴使用的弯刀，玛尔麦松和普雷奥森林城堡收藏；

上：埃及图案的装饰盘，上面画着埃及

大象岛庙宇遗迹，J-F-J. 斯威巴克，塞弗尔国家瓷器博物馆，©法国国家博物馆联合会，C. 让；

下：《阿布基尔战役》，L-F. 勒热纳，凡尔赛和特里亚农城堡收藏，©法国国家博物馆联合会，G. 布洛、J. 舒尔。

51 上：罗塞塔石碑，埃及托勒密王朝时代，伦敦大英博物馆收藏，©布里奇曼艺术图书馆 / 吉罗东方艺术图书馆；

中：狮身人面像和大金字塔，《埃及大观》，F. 施罗德，罗浮宫收藏，©法国国家博物馆联合会，G. 布洛。

60 上：荣誉军团勋章，©伽里玛出版社，P. 雷热；

下：工兵、近卫军、骑乘炮兵，《1807年法国大军》奥托的手稿，安妮 -S-K. 布朗军事馆收藏，©普维顿斯市布朗大学约翰·艾图书馆。

61 上：《拿破仑一

世于 1805 年 10 月 12 日在奥格斯堡莱希河桥上向法国大军第二军团训话》，P. 戈特罗，凡尔赛和特里亚农城堡收藏，©法国国家博物馆联合会，阿尔诺代；

下：《1807 年的新兵》，L-L. 布瓦伊，巴黎卡尔瓦莱博物馆收藏，©劳洛斯 / 吉罗东艺术图书馆 / 布里奇曼艺术图书馆；

右下：迪埃姆将军的步枪，巴黎军事博物馆，©巴黎军事博物馆。

72 下：穿礼服的省长，德尔佩什版画，梯也尔图书馆收藏。

上：拿破仑时期的法郎，1802—1803，©货币博物馆，J-J. 科斯泰因；

中：《雾月 18 日》，F. 布绍，凡尔赛和特里亚农城堡收藏，©法国国家博物馆联合会。

73 上：《法国民法典》，玛尔麦松和普雷奥森林城堡收藏，©法国国家博物馆联合会，M. 安德烈；
中：《法国和罗马教
廷签订＜政教协议
＞,1801年7月15日》，
F. 热拉尔，凡尔赛和
特里亚农城堡收藏，
◎法国国家博物馆联
合会，G. 布洛。

84-85《拿破仑一
世加冕大典》，J-L.
大卫，罗浮宫收藏，
◎法国国家博物馆联
合会。

96 左：《圣尼凯斯
街谋杀第一执政》，
凡尔赛和特里亚农
城堡收藏，◎法国国
家博物馆联合会／艾
尔·梅利亚尼；
中：《处决起义者》，
F. 戈雅，马德里普
拉多博物馆收藏，◎
布里奇曼艺术图书
馆－吉鲁多。

97 右上：《约瑟
夫·富歇》，E-L.
迪比夫，凡尔赛宫收
藏，◎布里奇曼艺术
图书馆－吉鲁多；
右下：《万国之君》，
1814 年左右，私人
收藏，◎夏尔麦－布
里奇曼艺术图书馆。

106 中：《撤出俄
罗斯》，Th. 杰里科，
鲁昂艺术馆收藏，◎
法国国家博物馆联合
会，P. 贝尔纳；
左下：《检阅从斯摩
棱斯克返回的部队》
（讽刺漫画），G. 克
鲁克香克，私人收藏，
◎夏尔麦－布里奇曼
艺术图书馆。

107《抢渡别列津纳
河》，佚名，巴黎军
事博物馆，◎巴黎军
事博物馆。

114 上：《朗伍德庄
园》，J. 哈塞尔，
◎布里奇曼艺术图书
馆－吉鲁多；
中：圣赫勒拿岛，◎
J-F. 盖鲁／图像岛；
下：《拿破仑的灵柩
返回巴黎，1840 年
12 月 15 日》，J. 吉
奥，凡尔赛和特里亚
农城堡收藏，◎法国
国家博物馆联合会，
G. 布洛。

115 荣军院拿破仑
墓，J. 弗伊，◎巴黎
国家遗迹中心。

116《拉斯·卡塞斯
肖像》，◎罗杰·维

奥莱。

117《弗朗索瓦－勒
内·德·夏多布里昂
在罗马斗兽场遗迹前
沉思》，A-L. 吉罗
代·德·鲁西－特里
松，凡尔赛和特里亚
农城堡收藏，◎法国
国家博物馆联合会，
G. 布洛。

致谢

拿破仑基金会与罗浮
宫合作举办了纪念拿
破仑登基二百周年的
活动。